ADELE FALCETTA

GUADAGNO EXTRA

Come Diventare un Consulente dei Consumi
per Avere Successo nel Network Marketing

Titolo

"GUADAGNO EXTRA"

Autore

Adele Falcetta

Editore

Bruno Editore

Sito internet

http://www.brunoeditore.it

A Stella e Yeyè:

amici leali, compagni di viaggio,

veri portafortuna.

Sommario

Introduzione

Ciao, e grazie per avere acquistato questo corso! Grazie ad esso scoprirai come intraprendere una professione che al giorno d'oggi, in cui si parla continuamente di crisi, è di sicuro successo: **Il Consulente dei Consumi©**! Di cosa si tratta?

Si tratta di un'attività che utilizza in modo nuovo un lavoro che esiste da decenni: il Network Marketing. Ne hai mai sentito parlare? Tra poco approfondiremo l'argomento; ma adesso ti dico subito una cosa: che tu conosca o meno il Network Marketing, questo corso fa al caso tuo.

Infatti:

- se non conosci questa forma di lavoro, è un'occasione d'oro per scoprire qualcosa di molto, molto remunerativo;
- se lo conosci già, ma sei diffidente oppure hai avuto cattive esperienze, avrai ampiamente modo di ricrederti o di scoprire perché qualcosa, in passato, non è andata per il verso giusto;

- se, infine, già lavori con il Network Marketing, conoscerai un modo per sfruttarlo ancora meglio e realizzare guadagni più consistenti. Cominciamo.

CAPITOLO 1:
Come funziona il Sistema Base

L'attività di Consulente dei Consumi© utilizza un sistema basato sul Network Marketing, che quindi è indispensabile conoscere, almeno a grandi linee. Leggendo questo capitolo te ne impadronirai velocemente, perché si tratta di un meccanismo davvero semplice e sorprendentemente remunerativo.

Il Network Marketing, detto anche Marketing Multilivello, Multilevel Marketing, o MLM, è una forma di distribuzione di prodotti e servizi fondata sul "passaparola" da un consumatore all'altro.

Negli Stati Uniti esiste da decenni e ha fatto la ricchezza di tante persone, alcune delle quali oggi sono tra le più facoltose del mondo. Sempre negli USA il Network Marketing è una precisa disciplina stabilita dalla legge. Insomma, è un'attività che si fa seriamente.

Persone di enorme successo come Brian Tracy, Jim Rohn, Robert Kiyosaky, Paul Zane Pilzer, Don Failla conoscono bene il Network Marketing, lo consigliano vivamente e alcuni di loro hanno costruito una fortuna su di esso. Se vuoi saperne di più su questi signori, fai una semplice ricerca su Google.

Dunque, vediamo subito come funziona questa attività e perché consente di guadagnare grandi cifre a chi la svolge con impegno e passione.

Innanzi tutto, occorre consumare un prodotto che si utilizza spesso, meglio se quotidianamente. Può trattarsi di un profumo, di un detersivo, di una barretta sostitutiva del pasto, di un buon olio d'oliva. L'importante è che sia qualcosa di consumabile, che si usa e poi si torna ad acquistare. Qualunque cosa sia, inoltre, deve essere di buona qualità.

Poi, occorre trovare alcune persone con le quali condividere questo prodotto. Persone alle quali farlo conoscere, che siano disponibili a utilizzarlo a loro volta.

Infine (e qui sta la chiave del guadagno che si può ottenere), bisogna insegnare a queste persone a duplicarsi; ovvero, insegnare a ognuna di esse come condividere il prodotto con altre persone.

Adesso, immaginiamo, a mo' di esempio, che l'azienda che vende il prodotto compensi coloro che lo consumano **con un euro** ogni volta che trovano altri consumatori, direttamente o indirettamente. Attenzione: si tratta di una cifra che utilizzo soltanto a titolo di esempio. Nella realtà, le aziende serie pagano ben di più per ogni acquirente.

Supponiamo, dunque, che tu faccia conoscere il prodotto a due persone, che cominciano a utilizzarlo e che queste, a loro volta, facciano la stessa cosa con due persone ciascuna, e così via: di volta in volta, chi comincia a consumare il prodotto trova altre due persone che fanno altrettanto. Lo schema potrebbe essere il seguente:

Tabella di esempio A

TU
1° livello: 2 persone
2° livello: 4 persone (2x2)
3° livello: 8 persone (4x2)
4° livello: 16 persone (8x2)
5° livello: 32 persone (16x2)
TOTALE: 62 persone

I componenti del tuo network (vale a dire della tua "rete"), che consumano il prodotto perché, all'inizio, tu lo hai condiviso con due persone, sono 62. E siccome l'azienda ti paga un euro ogni volta che una di queste persone acquista il prodotto (mediamente ogni mese), tu guadagnerai 62 euro al mese. Pochini, vero? Ma andiamo avanti.

Poniamo che tu condivida il prodotto con tre persone, e che queste facciano altrettanto, e così via, come nell'esempio precedente. Lo schema che ne risulta è il seguente:

Tabella di esempio B

TU
1° livello: 3 persone
2° livello: 9 persone (3x3)
3° livello: 27 persone (3x9)
4° livello: 81 persone (27x3)
5° livello: 243 persone (81X3)
TOTALE: 363 persone

In questo caso, aggiungendo una sola persona in più, guadagnerai 363 Euro. Va un po' meglio ma vediamo cosa succede con quattro persone:

Tabella di esempio C

TU
1° livello: 4 persone
2° livello: 16 persone(4x4)
3° livello: 64 persone(16x4)
4° livello: 256 persone(64x4)
5° livello: 1024 persone(256x4)
TOTALE: 1364 persone

Guadagnerai **1364 euro al mese**!

Per finire, proviamo **con cinque persone**:

Tabella di esempio D

TU
1° livello: 5 persone
2° livello: 25 persone (5x5)
3° livello: 125 persone(25x5)
4° livello: 625 persone (125x5)
5° livello: 3125 persone (625x5)
TOTALE: 3905 persone

Con cinque persone, guadagnerai ben 3905 euro al mese! E credimi, non c'è molta differenza tra il trovare due persone che consumino il prodotto e trovarne cinque.

Certo, potremmo andare oltre. Potresti trovare sei, sette, dieci, venti persone. Ma non ti conviene. Infatti, devi far sì non solo che le persone in questione consumino il prodotto, ma anche che sappiano "duplicarsi", vale a dire fare la stessa cosa che hai fatto tu con loro. E così via. Quindi ti conviene concentrarti su cinque persone serie, che credano nelle enormi potenzialità di questo sistema. Cinque bastano.

SEGRETO n. 1: nel Network Marketing è conveniente concentrarsi su cinque persone serie e disposte a lavorare, piuttosto che su molte.

Una volta avviato e consolidato il meccanismo della duplicazione, potrai ricominciare con altre cinque persone, oppure con un prodotto diverso. Ti lascio immaginare le immense possibilità di guadagno che ne derivano.

La forza di questa attività, dunque, sta nel potere dell'*effetto leva*. Ognuno trae vantaggio da piccole azioni (il consumo del prodotto) compiute da molte persone. Jean Paul Getty, imprenditore e miliardario, a tal proposito disse: «Preferisco guadagnare l'1% del lavoro generato da 100 persone che il 100% del lavoro generato da me stesso». E credo che avesse ragione.

SEGRETO n. 2: nel Network Marketing l'effetto leva

consente di guadagnare cifre molto interessanti sfruttando piccole azioni compiute da molte persone.

Oltre al guadagno immediato generato dalle provvigioni, poi, ogni azienda offre diversi incentivi, sotto forma di premi carriera, auto aziendali, viaggi di formazione e così via. Inoltre, il Network Marketing è un'ottima opportunità di crescita personale, professionale e finanziaria.

Infatti, le aziende organizzano spesso dei corsi di formazione che aiutano i partecipanti a migliorare se stessi e la propria vita sotto ogni punto di vista: rafforzamento dell'autostima, gestione del tempo, miglior utilizzo delle risorse economiche e così via. In queste occasioni, c'è anche la possibilità di incontrare gente interessante che ha saputo raggiungere la prosperità di vita. Ed è possibile imparare nuove forme di investimento del denaro che si guadagna, in modo tale che produca nuova ricchezza.

Quindi i passi da compiere in questa semplice attività sono tre:

- **uno:** consumare un prodotto che ti serve e ti piace;
- **due:** condividere il prodotto con altre cinque persone;

- **tre:** insegnare a queste cinque persone a fare altrettanto, vale a dire a *duplicarsi*, in modo tale che questo sistema, in tutta la sua semplicità, venga trasmesso da un livello all'altro.

Perché abbiamo stabilito fin da adesso che le persone devono essere cinque? Perché abbiamo constatato, cifre alla mano, che con uno schema di cinque persone ci sono ottime opportunità di guadagno; nel contempo, seguire assiduamente cinque persone e insegnare loro a trovarne altre cinque ciascuna è piuttosto facile.

Ma prima di passare a spiegarti come tutto questo può essere applicato all'attività del Consulente dei Consumi©, voglio aggiungere qualche altra delucidazione sul Network Marketing. Caro lettore, se già conosci le cose che sto per dirti, ti chiedo di avere un po' di pazienza, a beneficio di chi ancora non ha le idee chiare in proposito.

Adesso ti sarà chiara l'origine della terminologia che designa questo sistema di lavoro. *Marketing* rimanda alla trasmissione di un prodotto da una persona all'altra. Il termine *network* sottolinea il ruolo della rete che ci si costruisce per guadagnare provvigioni consistenti.

Se chiamiamo il sistema “Marketing Multilivello”, o, in inglese, “Multilevel Marketing” (abbreviato come MLM), il termine *multilivello* si riferisce al fatto che il guadagno avviene grazie alla duplicazione di coloro che aderiscono al sistema. Così si crea una rete di partecipanti a più livelli.

E ora vediamo di conoscere la terminologia utilizzata nel Network Marketing. Chi entra nel sistema, acquistando i prodotti e decidendo di trovare altre persone che facciano lo stesso, si chiama *distributore*. Il distributore che introduce un nuovo distributore si chiama *sponsor*. Quindi, l’introdurre nuovi distributori si chiama *sponsorizzazione*.

Se introduco dei nuovi distributori, e questi fanno altrettanto, e così via, tutti i distributori che si trovano “sotto” di me costituiscono la mia *downline*. Così anche il mio sponsor, colui che lo ha introdotto e così via sino a risalire di livello, sono la mia ***upline***. Facciamo un esempio grafico:

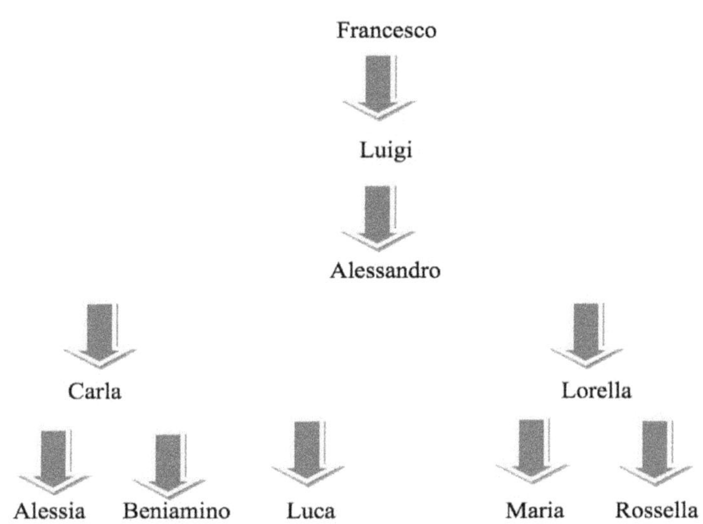

Se prendiamo come punto di riferimento Alessandro, notiamo che è stato sponsorizzato da Luigi. Luigi è stato sponsorizzato da Francesco. Dunque lo sponsor di Alessandro è Luigi. La upline di Alessandro è costituita da Luigi e da Francesco. Alessandro, a sua volta, sponsorizza Carla e Lorella. Carla sponsorizza Alessia, Beniamino e Luca; Lorella sponsorizza Maria e Rossella. Dunque la downline di Alessandro è costituita da Carla, Lorella, Alessia, Beniamino, Luca, Lorella, Maria e Rossella. Questi, a loro volta, sponsorizzeranno altre persone e così incrementeranno, oltre alla propria personale downline, anche quella di Alessandro.

E ora chiariamo un equivoco. Pur essendo il Network Marketing un sistema di lavoro rispettabilissimo, molte persone sono diffidenti nei confronti di esso. Su Internet è facile imbattersi in siti che, con la (legittima) pretesa di mettere gli utenti in guardia da possibili truffe, parlano male di questo lavoro. Ciò è dovuto alla confusione tra Network Marketing e piramidi (o catene di Sant'Antonio).

Cosa è una piramide o catena di Sant'Antonio? Su Internet se ne trovano in continuazione: «Iscriviti al sito X, versa 5 euro, poi dì ai tuoi amici di fare la stessa cosa, e verrai pagato per ogni amico che si iscrive, fino ad otto, dieci, cento livelli, o all'infinito...». In questi sistemi bisogna soltanto pagare e trovare sprovveduti che facciano altrettanto.

A volte c'è un prodotto finto che viene ceduto come corrispettivo del denaro: spesso, ad esempio, si tratta di una paginetta in inglese sull'internet marketing, con contenuti triti e ritriti. Oppure anche di un prodotto tangibile, ma privo di qualità, che in realtà non serve a nessuno.

Si tratta di un sistema destinato a crollare, perché a un certo punto giunge a saturazione e nessuno si iscrive più. Chi è entrato nel gioco per primo ne esce con i soldi di quelli che sono entrati dopo, che restano truffati. Quindi il sistema è illegale, infatti negli Stati Uniti è da tempo vietato, mentre da noi (sempre ritardatari in queste cose) ciò è avvenuto soltanto con la legge n. 273 del 17 agosto 2005.

Nonostante queste cose si sappiano ormai da tempo, non passa giorno senza che mi arrivi un'email di qualcuno che mi propone di entrare in un fantomatico network americano, per diventare ricca senza far nulla. Se queste persone, anziché farsi prendere in giro e convincere gli altri a fare altrettanto, si dedicassero a un lavoro serio, allora sì che potrebbero diventare ricche!

E, con un equivoco anche terminologico, questi sistemi truffaldini vengono definiti, sia dai loro sostenitori che dai detrattori, "MLM", o "Multilivello", creando ancora più confusione.

Ben diverso è il Network Marketing. Qui un prodotto vero, utile e di qualità viene realizzato direttamente da una ditta, oppure viene da questa acquistato presso il fabbricante, e viene "distribuito" tra i consumatori mediante il sistema che abbiamo già visto.

Ciascun "distributore" può formare una propria "rete" (network) di persone che consumano il prodotto e incassare provvigioni sui loro consumi. Ciò consente, come abbiamo osservato, di ottenere guadagni molto interessanti; sempre che, naturalmente, ci si metta impegno e passione.

SEGRETO n. 3: il Network Marketing va distinto dai sistemi piramidali o "Catene di Sant'Antonio": mentre il primo è una forma di lavoro lecita, i secondi sono una vera e propria truffa.

Riepiloghiamo quindi quello che abbiamo visto finora: il Network Marketing è un vero è proprio lavoro, dà delle opportunità di carriera, ed è profondamente diverso dai sistemi piramidali, che invece sono illegali. Il Network Marketing ha qualcosa a che fare con la vendita diretta dei prodotti? Decisamente no. Abbiamo già detto quello che ci serve fare per sfondare in questo lavoro:

consumare un prodotto, trovare cinque persone con cui condividerlo e insegnare loro a fare altrettanto. Insegnare, non vendere.

Una volta eravamo abituati a pensare al Network Marketing come a un'attività di vendita. Io stessa mi sono formata con questo convincimento. E qui stava il più grande ostacolo: vendere e convincere la gente che si sponsorizzava a fare altrettanto. Chi non è fatto per la vendita spesso si arrende, ha la sensazione di dare fastidio alla gente.

A tutti noi è capitato di essere invitati a casa di una persona amica, per assistere alla "dimostrazione" di un prodotto fatta da un ospite. Beh, spesso la cosa è imbarazzante. Finita la dimostrazione, quando il padrone (o, più spesso, la padrona) di casa offre tè e pasticcini, ci si sente in qualche modo obbligati a comprare qualcosa, per non fare cattiva figura, per non sembrare avari o antipatici. Quindi, una simile prospettiva potrebbe scoraggiare chi non si sente un venditore e non vuole abusare di parenti e amici mettendoli in imbarazzo.

La buona notizia è che, come abbiamo già spiegato, il Network

Marketing non ha nulla a che vedere con la vendita: quello che occorre fare è semplicemente consumare il prodotto, trovare altre persone che facciano altrettanto, e insegnare loro a duplicarsi. Insegnare, non vendere! Si tratta di un concetto illuminante, che ho fatto mio con grande soddisfazione dopo la lettura di due "classici" di Don Failla: *Il Sistema* e *La Presentazione 45 secondi*, entrambi editi da Bruno Editore.

Questo è molto importante per chi già svolge un'attività alla quale tiene molto, ma ha bisogno di una seconda entrata. È molto difficile che una persona che, ad esempio, esercita una libera professione, accetti l'idea di tenere delle riunioni dimostrative di un prodotto, allo scopo di venderlo. Temerebbe di compromettere il proprio brand, la propria immagine pubblica di libero professionista.

Questo rischio non c'è se si considera l'attività di Network Marketing nella sua essenza: consumare un prodotto, trovare altri consumatori, insegnare loro a duplicarsi. È qualcosa che si può fare con efficacia e impegno, senza nel contempo esporsi troppo. Ciò non toglie che, se una persona è abile nella vendita, possa accumulare ottime provvigioni vendendo il prodotto, facendosi una clientela e fidelizzandola. Ottimo, buon per lei. Ma non è questo il cuore del Network Marketing.

Quindi, se non sei un venditore, questo è il lavoro che fa per te. Non dovrai mettere in imbarazzo parenti e amici, costringendoli ad acquistare qualcosa che magari non usano, solo per farti una cortesia. Se, invece, sei un venditore, va benissimo lo stesso, ma considera che, accanto all'attività di vendita vera e propria, devi mettere la duplicazione. Così ti costruirai una vera e propria rendita col minimo sforzo.

I clienti vanno e vengono. Dovrai lavorare in continuazione per averne sempre tanti. Ma se trovi cinque persone serie, che credono in questo lavoro, consumano il prodotto mensilmente e a loro volta si impegnano a trovare cinque persone serie, hai messo in moto un meccanismo che con poco sforzo ti darà risultati sempre crescenti e duraturi.

SEGRETO n. 4: nel Network Marketing non occorre vendere, ma solo consumare un prodotto, trovare altri che facciano

altrettanto e insegnare loro a duplicarsi.

Ma come fanno le aziende di Network Marketing a pagare i distributori? È semplice: non spendono un centesimo in pubblicità. E, di solito, non praticano nemmeno concorsi a premi o raccolte punti. Preferiscono investire sul passaparola, e gratificare i distributori con le provvigioni. Così, possono permettersi anche di mantenere ottimi standard qualitativi. Inoltre, il prezzo viene ulteriormente abbattuto dall'eliminazione dell'intermediazione del negozio al dettaglio.

Facciamo, ancora una volta, un esempio. Il prodotto X viene venduto dalla fabbrica a un grossista, al prezzo di un euro. In questo prezzo sono calcolati anche i costi della pubblicità che l'azienda produttrice effettua con tutti i mezzi, per far conoscere i suoi prodotti. Quindi il prodotto X potrebbe anche essere venduto al grossista per, diciamo, 50 centesimi; ma i 50 centesimi in più coprono i costi di pubblicità, promozioni, raccolte punti e così via.

Il grossista, a sua volta, vende il prodotto X al dettagliante, per 2 euro. Così, guadagna un euro. Il dettagliante vende il prodotto X al consumatore finale per 3 euro! Così, guadagna 1 euro pure lui. Se il consumatore avesse potuto acquistare direttamente dal produttore, senza i costi della pubblicità, avrebbe pagato 50 centesimi, risparmiando ben 2,50 euro.

Vediamo cosa succede nel Network Marketing. L'Azienda produce direttamente il prodotto X o lo acquista dal produttore a costo di fabbrica; e poi lo mette sul mercato al prezzo di 3 euro. I 2,50 euro di differenza vengono destinati alla remunerazione dei distributori, vale a dire degli stessi consumatori che creano una loro "rete di consumo".

SEGRETO n. 5: le Aziende che fanno Network Marketing pagano i distributori grazie al risparmio sulla pubblicità e alla vendita diretta, senza intermediazione di grossisti e negozianti.

Quasi sempre, le aziende che operano nel Network Marketing impiegano più risorse nella realizzazione del prodotto, che per questo risulta essere qualitativamente superiore rispetto a quelli dello stesso genere venduti nei negozi. Così, può verificarsi che, ad esempio, un flacone di detersivo da 1 litro costi quanto quello che si trova al supermercato, ma sia tre volte più concentrato ed efficace e quindi duri tre volte di più. Di conseguenza, l'acquisto si risolve in un risparmio per il consumatore finale.

Ed ora, il salto di qualità: da distributore nel Network Marketing a Consulente dei Consumi©.

RIEPILOGO DEL CAPITOLO 1:

- SEGRETO n. 1: Nel Network Marketing è conveniente concentrarsi su cinque persone serie e disposte a lavorare, piuttosto che su molte.
- SEGRETO n. 2: Nel Network Marketing l'effetto leva consente di guadagnare cifre molto interessanti sfruttando piccole azioni compiute da molte persone.
- SEGRETO n. 3: Il Network Marketing va distinto dai sistemi piramidali o "Catene di Sant'Antonio": mentre il primo è una forma di lavoro lecita, i secondi sono una vera e propria truffa.
- SEGRETO n. 4: Nel Network Marketing non occorre vendere, ma solo consumare un prodotto, trovare altri che facciano altrettanto e insegnare loro a duplicarsi.
- SEGRETO n. 5: Le Aziende che fanno Network Marketing pagano i distributori grazie al risparmio sulla pubblicità e alla vendita diretta, senza intermediazione di grossisti e negozianti.

CAPITOLO 2:
Come diventare Consulente dei Consumi©

Si sente parlare di crisi in continuazione. È un dato che dobbiamo accettare: tanta gente ha perso (e perderà) il proprio posto di lavoro, le aziende non riescono a tirare avanti e non dico altro perché è perfettamente inutile rattristarti con dati che tutti conosciamo e che acquisiamo dalle prime ore del giorno, quando ascoltiamo il primo telegiornale o giornale radio della giornata.

Se la crisi c'è, è vero anche che bisogna pensare a qualche soluzione. Occorre concentrarsi su attività che alla gente sono comunque necessarie. Le persone spendono di meno, è vero. Però alcuni consumi sono assolutamente indispensabili.

Pensa ai generi alimentari. Volenti o nolenti, tutti dobbiamo recarci in un supermercato per fare la spesa. Oppure ai prodotti per pulire la casa. O a quelli per l'igiene personale. Una donna può anche non truccarsi e non mettere alcun profumo: ma dovrà lavarsi e usare un buon deodorante! Come il pane, ci sono prodotti dei quali la gente non fa a meno, semplicemente perché non può. E vengono acquistati anche da chi deve essere molto attento a far quadrare il bilancio familiare.

Poi ci sono prodotti più di nicchia. È meno scontato che la gente li utilizzi, perché non sono indispensabili. Però vi sono categorie di persone che possono permetterseli e che non ne farebbero mai a meno. Chi fa sport, ad esempio, può trovare utile un ottimo integratore alimentare; oppure, c'è chi considera molto importante bere un buon caffè. Anche questi prodotti hanno il loro mercato.

Qui entra in gioco una nuova professione: il Consulente dei Consumi©. Si tratta di un'attività assolutamente inedita, divertente, semplice e per nulla stancante. Ma attento: deve essere vissuta come un vero e proprio lavoro, con passione, impegno e professionalità.

Il Consulente dei Consumi© è una persona che:

- **consuma regolarmente** certi prodotti, che comunque gli sono necessari, distribuiti da aziende che operano con il meccanismo del Network Marketing e che coprono quasi tutte le sue esigenze mensili di spesa;

- **trova altri consumatori** di questi prodotti e nel fare questo, li aiuta (per questo è un consulente) a individuare le proprie necessità di consumo e a pianificare strategicamente gli acquisti presso le diverse aziende;
- **insegna** loro a duplicarsi, per trarre vantaggio dai propri consumi utilizzando la leva del Network Marketing.

Si tratta di un vero e proprio lavoro, perché implica:

- **la conoscenza perfetta** dei prodotti che si consumano, dei loro punti di forza, della loro qualità, dei loro possibili utilizzi;
- **un lavoro di promozione** volto all'acquisizione di contatti, allo scopo di trovare altri consumatori degli stessi prodotti;
- **consulenza e sostegno** nei riguardi delle persone da sponsorizzare, per aiutarle a individuare le proprie necessità di spesa mensile e a pianificare quanti e quali acquisti effettuare presso le varie Aziende alle quali si aderisce;
- **un lavoro di tutoraggio**, finalizzato a insegnare a queste persone a duplicarsi, trasformando i propri contatti in nuovi

consumatori professionali dei prodotti.

Rispetto alla tradizionale attività di Network Marketing, **questa ha qualcosa in più:** tende a coprire una gamma più ampia possibile di consumi, facendo riferimento, contemporaneamente, ad aziende diverse. Certo, il lavoro aumenta, ma aumentano esponenzialmente le possibilità di guadagno.

Il nostro Consulente dei Consumi© potrebbe, ad esempio, consumare prodotti facenti capo a tre aziende diverse: una che si occupa di prodotti alimentari, un'altra della cura della persona e della casa, un'altra ancora del caffè espresso. Suo compito è, quindi, trovare cinque nuovi consumatori in questi tre ambiti, e insegnare loro a fare altrettanto. Ricordi l'esempio che ti ho fatto nel Capitolo 1? Pensa se il guadagno della tabella D venisse moltiplicato per tre!

Molto importante, però, è scegliere aziende che si occupino di prodotti che si consumano realmente. Infatti, il Consulente dei Consumi© non spende un centesimo in più rispetto a quello che già fa per coprire il suo fabbisogno. Per questo si tratta di una professione che si adatta all'epoca che stiamo vivendo. Infatti, non richiede nessun investimento, ma solo continuare a fare i consueti acquisti presso aziende diverse.

Facciamo un esempio. Anna vuole diventare un Consulente dei Consumi©. Per farlo, prende nota di tutto ciò che consuma in un mese. Si rende conto di spendere 300 euro al mese per generi alimentari, per sé e la sua famiglia; 50 euro al mese in prodotti per la casa e per la cura della persona; altri 40 euro per prendere caffè al bar (quello fatto in casa con la moka non le piace).

A questo punto, individua tre aziende serie che commercializzano prodotti in Network Marketing. Una, che chiameremo **azienda A**, si occupa di generi alimentari e richiede a chi aderisce una spesa minima di 100 euro al mese; la seconda (**azienda B**), distribuisce prodotti per la cura della persona e la pulizia della casa e richiede una spesa minima di 30 euro al mese; la terza (**azienda C**), si occupa di caffè espresso e richiede una spesa minima di 40 euro al mese. Anna aderisce a queste tre aziende e sposta la propria spesa mensile dai negozi abituali a queste tre aziende. Anziché fare tutta la spesa al supermercato, compra almeno 100 euro di prodotti dall'**azienda A** (riservandosi, magari, di spendere gli altri 200 euro presso il solito supermercato o negozio; oppure potrebbe dirottare tutta la spesa o quasi sull'**azienda A**, se le piace).

Anziché comprare in profumeria i prodotti per la cura della persona e sempre al supermercato quelli per la casa, sposta la propria spesa mensile sull'**azienda B**; tra l'altro, quest'ultima offre prodotti di qualità eccellente, ipoallergenici e non testati su animali. Infine, visto che l'**azienda C** offre un caffè di qualità addirittura superiore rispetto a quello che è solita prendere al bar, dirotta la propria spesa mensile per il caffè su quest'ultima.

Anna, quindi, non spende nulla in più, rispetto a quello che fa normalmente. Soltanto, aggiunge alla spesa la possibilità di guadagnare, oltretutto anche bene. Per questo quella del Consulente dei Consumi© è la professione anti-crisi per eccellenza.

Adesso Anna si mette al lavoro: trova cinque persone serie, e interessate al consumo degli stessi prodotti, che vogliono diventare un Consulente dei Consumi© come lei. Come farà

Anna a trovare le cinque persone? Lo vedremo più avanti, nei Capitoli successivi. Per ora limitiamoci a comprendere il suo lavoro. Diciamo quindi che le trova e le fa iscrivere a tutte e tre le aziende.

Trovate le persone del suo primo livello in tutte e tre le aziende, Anna insegna loro come fare altrettanto: vale a dire, come sponsorizzare a loro volta cinque persone ciascuna e come trasmettere l'insegnamento sulla duplicazione, in modo tale che questo passi di livello in livello e consenta la formazione di tre "reti" di consumatori.

Quando Anna avrà completato almeno cinque livelli, potrà pensare (se vuole) di trovare altri cinque consulenti, in modo tale da moltiplicare ulteriormente i suoi guadagni. Tutto questo non è utopia, ma qualcosa di concreto e fattibile e fa leva su consumi che, anche in tempo di crisi, non possono essere evitati. Per questo quella del Consulente dei Consumi© è una professione adatta ai tempi che stiamo vivendo! Veniamo a te: quali prodotti compri più spesso? Di cosa non puoi fare a meno? Ti dico cosa compro sempre io, per rendere meglio l'idea. Innanzi tutto, faccio la spesa alimentare. In particolare, acquisto pasta, passata di pomodoro, ottimo olio extravergine d'oliva, pomodori pelati e carne biologica. A questi aggiungo tonno sott'olio, biscotti, qualche formaggio di qualità, legumi, pesce, merendine per mio figlio (il meno possibile, cerco di indirizzarlo su snack sani), pochi salumi.

Tengo molto al caffè espresso, quindi compro delle cialde che siano di ottima qualità. Poi mi servono i prodotti per la casa, quelli per l'igiene personale, qualche profumo, l'occorrente per il make-up. Ancora, compro frutta e verdura, possibilmente bio, e croccantini per i miei cani.

Di questi prodotti riesco a trovare quasi tutto presso aziende che lavorano in Network Marketing. Sono davvero di ottima qualità, per cui posso consigliarne l'acquisto in tutta coscienza. Restano fuori i croccantini, il pesce, le verdure e la frutta.

SEGRETO n. 6: individua i prodotti che tu e la tua famiglia consumate regolarmente ogni mese e l'importo che spendi complessivamente per ciascuna categoria di essi.

E tu, cosa compri di continuo per te e per la tua famiglia? Fai una lista. Poi, cerca le aziende che distribuiscono questi prodotti in Network Marketing. Fai una ricerca su Google, utilizzando come chiave il nome del prodotto che ti interessa con l'aggiunta "network marketing" oppure un sinonimo (MLM, multilevel marketing, marketing multilivello). Ad esempio, scrivi *spesa network marketing*, *igiene casa marketing multilivello*, e così via. Fai più tentativi, abbinando termini diversi.

Questa fase può essere un po' impegnativa, ma ne vale la pena. Serve a dare al tuo lavoro basi solide su cui poggiare. Ricorda che questa professione è basata sui consumi abituali, quindi è assolutamente necessario trovare delle aziende che distribuiscano proprio i prodotti che servono a te.

Individuate le aziende, cerca innanzitutto di saperne di più. Devono essere affidabili e offrire prodotti di qualità. Ecco alcune indicazioni che ti consiglio di seguire:

- cerca aziende italiane, oppure anche di portata internazionale, purché abbiano una sede secondaria in Italia e supporto professionale in lingua italiana. Se conosci bene l'inglese, nessun problema, puoi anche osare con aziende straniere. Ma devi essere perfettamente in grado di capire cosa propongono: in giro c'è gente seria ma ci sono anche tanti cialtroni;

- diffida delle aziende che si presentano su Internet con siti mal fatti e artigianali; tutto sommato, un sito è per un'azienda un vero e proprio biglietto da visita;
- prediligi prodotti di largo consumo, che utilizzi tu, ma che ragionevolmente pensi possano interessare a una buona quantità di persone;
- cerca di capire le caratteristiche qualitative dei prodotti: certo, soltanto provandoli potrai essere certo della bontà di essi, però puoi documentarti in anticipo, per ridurre al minimo la possibilità di acquistare qualcosa che si rivela di scarsa qualità. Leggi quindi le relative schede informative, valutane la provenienza, la composizione, considera se possiedono caratteristiche che, di solito, sono gradite ai consumatori (ad esempio, connotazioni come il bio, l'assenza di OGM, l'ipoallergenicità, l'utilizzo di test alternativi a quelli su animali sono caratteristiche gradite da molti consumatori);
- evita prodotti "strani", che forse possono anche essere validi,

ma che potrebbero essere percepiti con diffidenza dai consumatori, come integratori dalle proprietà "magiche": alcuni (solo alcuni!) potrebbero anche essere efficaci, ma sono più difficili da veicolare rispetto a ciò che la gente consuma tutti i giorni;

- puoi anche scegliere prodotti "di nicchia" (ancora una volta, mi vengono in mente gli integratori), purché l'azienda abbia un catalogo ben assortito, ci sia un buon rapporto qualità/prezzo e si tratti di sostanze che la scienza ufficiale riconosce come utili. In tal caso, non affidarti a ditte ancora sconosciute, ma punta su quelle già provate, come ad esempio Herbalife o Amway. Ricorda però che questo tipo di azienda va sempre affiancata ad altre che trattano prodotti di uso più "comune". Se invece vuoi limitarti a una sola azienda, qui trovi una proposta nuova e strepitosa che ti consente di creare la tua rendita addirittura in automatico.

SEGRETO n. 7: individua le aziende che commercializzano i prodotti che utilizzi con il Network Marketing, facendo attenzione che siano serie e che propongano prodotti di qualità.

Una volta individuate le aziende, scrivi chiedendo di indicarti uno sponsor. Può anche succedere che, nel corso delle tue ricerche, tu stesso ne trovi qualcuno. Scrivi, per ciascuna azienda, a qualche potenziale sponsor, e scegli coloro che ti rispondono più velocemente, con più professionalità, che sono pronti a darti le delucidazioni che chiedi e che non ti consigliano di acquistare merce per fare magazzino (è una cosa che non serve assolutamente).

Scelti anche gli sponsor, iscriviti a ciascuna azienda. Ogni sponsor ti dirà cosa fare esattamente. Sicuramente ti arriverà a casa una modulistica, che dovrai compilare e rispedire. Leggi tutto attentamente, e, se qualcosa non ti è chiaro, prima di firmare chiedi delucidazioni, finché non avrai capito perfettamente ogni clausola. Se noti reticenze, lascia perdere. Una buona azienda e uno sponsor come si deve si caratterizzano per la trasparenza.

SEGRETO n. 8: sia l'azienda che lo sponsor devono proporsi in modo trasparente; se non è così, meglio lasciar perdere.

Alcune aziende richiedono un piccolo investimento iniziale. In ogni caso è veramente minimo, quindi non lasciarti impressionare. Non vorrai rinunciare per questo! Se l'azienda è seria, si tratta sempre di una spesa giustificata. Ad esempio, se il network riguarda il caffè a cialde, ti potrebbe essere chiesto l'acquisto della macchina. Oppure la spesa potrebbe coprire il materiale illustrativo e formativo che ti viene inviato.

È una scelta che bisogna comprendere: questo materiale ha comunque un costo. Se venisse inviato gratis, tanti perditempo aderirebbero senza poi dar seguito alla loro scelta e l'azienda spenderebbe denaro a vuoto. Far pagare i costi del materiale significa effettuare una prima selezione e tener lontane le persone non realmente motivate.

Posso aspettarmi da qualcuno due tipi di obiezioni. Precisamente:

- può essere che tu preferisca fare i tuoi acquisti presso discount, o negozi che vendono certe tipologie di prodotti a prezzo basso;
- può essere, anche, che tu non spenda mensilmente la somma minima richiesta da ciascuna azienda. Magari sei un single, e

ogni mese per la tua spesa personale spendi davvero poco (anche se al giorno d'oggi è improbabile).

Nel primo caso, ti invito a riflettere. Può essere che presso un discount si risparmi; ma certamente non hai la possibilità di guadagnare. Se, invece, intraprendi questa attività in modo serio, riuscirai a coprire l'esborso della spesa e ad andare molto oltre, guadagnando.

Nel secondo caso, e in tutte quelle ipotesi, rarissime, in cui non puoi "permetterti" la spesa mensile (perché, ad esempio, non hai nessun reddito in assoluto e vivi con i tuoi genitori, che decidono dove fare la spesa), non arrenderti! Questa è una vera opportunità di lavoro, quindi non rinunciare. Se da solo non ce la fai, trovati un socio! Qualcuno che, senza difficoltà, non farebbe altro che spostare la propria spesa dai consueti negozi alle aziende prescelte. Oppure qualcuno disposto a dividere la spesa con te.

In tal caso, informati con il tuo sponsor. Quasi sempre, le aziende consentono di iscriversi insieme a un partner di lavoro. Se questo non è possibile, stipula tu un accordo con il tuo socio, mettendo per iscritto che dividerete al 50% e che lui farà la spesa, mentre tu ti occuperai di trovare i contatti e gestirli. Io, al posto del tuo socio, ci starei: non farei niente (se non la spesa), per ricevere in cambio una rendita!

SEGRETO n. 9: se non disponi della somma necessaria per fare la spesa ogni mese, trova un socio con il quale dividere al 50%.

A questo punto, organizza il tuo lavoro. Innanzitutto, devi avere un ufficio. Non pensare di svolgere la tua attività in maniera estemporanea e improvvisata. Non ti inganni il fatto che tutto, in definitiva, si fonda sul consumo di prodotti e che non è necessario effettuare vendite. Considera quella che stai per intraprendere una vera e propria professione: solo così potrai dedicarti con impegno e concentrazione e ottenere risultati.

Avere un ufficio non significa necessariamente utilizzare un locale apposito. Basta un angolo della casa con una scrivania, un computer e una piccola libreria. In quest'ultima ordinerai il materiale cartaceo che ciascuna azienda non mancherà di inviarti: cataloghi, brochure, e opuscoli con la descrizione del piano compensi e del piano marketing. A ciò aggiungi dei quaderni, rigorosamente distinti per ciascuna azienda, dove tenere i tuoi appunti. Devi ovviamente avere un'agenda per annotare gli appuntamenti con le persone che contatterai.

Oltre al computer, ti servirà una connessione a Internet. Crea delle cartelle di lavoro, una per ciascuna azienda. Nelle cartelle inserirai, innanzitutto, il materiale che l'azienda e lo sponsor ti faranno pervenire in formato elettronico, o che scaricherai dal sito aziendale. A questi si aggiungeranno altri documenti che creerai strada facendo, secondo le tue esigenze: materiale informativo trovato su Internet, appunti, fogli excel con elenchi di persone, e così via.

SEGRETO n. 10: vivi questa attività in modo professionale, e organizza a tale scopo un piccolo ufficio efficiente e ben ordinato.

Ora che hai il tuo ufficio, è tempo di metterti al lavoro.

RIEPILOGO DEL CAPITOLO 2:

- SEGRETO n. 6: Individua i prodotti che tu e la tua famiglia consumate regolarmente ogni mese e l'importo che spendi complessivamente per ciascuna categoria di essi.
- SEGRETO n. 7: Individua le aziende che commercializzano i prodotti che utilizzi con il Network Marketing, facendo attenzione che siano serie e che propongano prodotti di qualità.
- SEGRETO n. 8: Sia l'azienda che lo sponsor devono proporsi in modo trasparente; se non è così, meglio lasciar perdere.
- SEGRETO n. 9: Se non disponi della somma necessaria per fare la spesa ogni mese, trova un socio con il quale dividere al 50%.
- SEGRETO n. 10: Vivi questa attività in modo professionale, e organizza a tale scopo un piccolo ufficio efficiente e ben ordinato.

CAPITOLO 3:
Come costruire la propria rete

Ora devi contattare più persone possibili, per trovarne cinque serie, disposte a entrare nella tua rete, a consumare i prodotti e a duplicarsi.

Innanzi tutto, ti consiglio di cercare tra le persone che conosci. Fai mente locale: sicuramente tra le tue conoscenze c'è gente che cerca lavoro, che vuole una seconda entrata per mantenere i figli all'università, o che non sarebbe costretta a lavorare, ma vuole sentirsi impegnata.

Poi, **pubblica degli annunci** su appositi giornalini locali; con il computer, crea delle locandine e affiggile presso alcuni esercizi commerciali, dopo aver pagato la tassa comunale (di solito si tratta di pochi euro); realizza dei volantini e lasciali dal panettiere, nella sala d'attesa dell'estetista, dal parrucchiere, dal tabaccaio.

Su Internet puoi trovare ottimi programmi gratuiti per realizzare locandine e volantini molto attraenti. Clicca su questo link per scaricarne uno. Oppure cerca su Google *programmi per locandine*. Qui invece ne trovi uno per volantini; naturalmente puoi sempre cercare su Google *programmi per volantini*.

Inserisci il tuo numero di cellulare e il tuo indirizzo email. Certamente sarai contattato da persone che vogliono saperne di più. In tal caso, dai un appuntamento agli interessati e parla loro dell'opportunità. Ma attento.

Non devi parlare dell'azienda (o delle aziende) o del prodotto. Devi parlare dell'opportunità. Devi spiegare che questa consiste in tre semplici passi: consumare prodotti che già si consumano abitualmente; trovare cinque persone che facciano la stessa cosa; insegnare a queste cinque persone a fare altrettanto. Prendi carta e penna e, insieme ai tuoi interlocutori, fai i calcoli che ti ho mostrato nelle tabelle A, B, C, D del capitolo 1.

Fai comprendere il vantaggio di continuare a comprare quello che si è sempre comprato per i consumi di casa e ottenere un reddito mensile come quello che risulta dalla tabella D. E sottolinea che, se tale stile di vita si estende alla gran parte dei consumi della famiglia, aderendo a più aziende contemporaneamente, questo reddito viene moltiplicato per X volte.

Chiedi al tuo interlocutore di ricordare, anche in modo approssimativo, cosa compra ogni mese per sé e per la sua famiglia. Poi, fagli scrivere su un foglio di carta quanto spende, più o meno per le varie categorie di acquisti. A questo punto mostragli, dati alla mano, che non gli costa assolutamente nulla spostare le proprie spese mensili dai consueti negozi alle aziende che tu gli proponi. Sono soldi che deve spendere comunque!

SEGRETO n. 11: quando incontri persone da sponsorizzare, parla innanzi tutto dei tre semplici passi nei quali consiste questa opportunità: consumare dei prodotti, condividerli, insegnare la duplicazione.

Ecco come potrebbe essere il dialogo tra te e una persona che incontri per parlarle dell'opportunità (la chiameremo Emma).

Tu: Ciao, Emma, grazie per essere venuta.

Emma: Ciao.

Vi sedete e tu prendi carta e penna.

Tu: Emma, voglio parlarti di un'ottima opportunità di lavoro e di guadagno. Si tratta di una cosa molto semplice da fare, ma che dà molte soddisfazioni. Ti dico subito, però, che sto selezionando le persone che lavoreranno con me: ne cerco cinque e non di più. Quindi, voglio essere sicuro che si tratti di persone serie e motivate.

Emma: Cosa dovrei fare?

Tu: Quello che si fa in questo lavoro è semplice e ora te lo mostrerò. Seguimi bene. Tu ogni mese fai la spesa per te e per la tua famiglia, suppongo.

Emma: Sì, per forza, anche se ho serie difficoltà a far quadrare i conti.

Tu: E infatti questo lavoro ci aiuta non solo a far quadrare i conti, ma anche a guadagnare bene. Dove fai la spesa, Emma?

Emma: Vado in un discount, mi consente di risparmiare qualcosa.

Tu: Va benissimo. Ora immagina di trovarti bene in questo discount e di consigliarlo anche ai tuoi amici. E immagina che il discount ti paghi 1 euro per la spesa fatta dai tuoi amici, dagli amici dei tuoi amici e così via. Guarda, facciamo insieme un calcolo. Immaginiamo che tu trovi 2 amici che fanno la spesa al discount, e che questi amici, a loro volta, ne trovino 2 ciascuno.

Insieme a Emma, riproduci il calcolo che ti ho mostrato nella Tabella A.

Tu: Ora vediamo cosa succederebbe se gli amici fossero 3.

Riproduci con Emma il calcolo della tabella B, poi della C, e infine arriva alla D.

SEGRETO n. 12: riproduci con i tuoi interlocutori il calcolo delle possibilità di guadagno con le tabelle A, B, C, D, e alla fine fai vedere come questo possa moltiplicarsi per tre.

Tu: Che te ne pare? Varrebbe la pena di fare la spesa in quel Discount e di consigliarlo a cinque amici, vero?

Emma: Sì, effettivamente… Ma come faccio a sapere che poi gli amici comprano davvero, dopo che gliel'ho consigliato?

Tu: Perché tu spiegherai loro questa opportunità di guadagno, come sto facendo io con te. Farai capire loro la convenienza. Poi, ti siederai con loro, carta e penna alla mano e valuterete insieme come organizzare il loro consumo mensile. Se vorrai, in queste fasi io potrò essere con te, potremo fare un colloquio a tre. Fatto questo, insegnerai a quei cinque amici a duplicarsi, cioè a trovare a loro volta cinque amici ciascuno. Ognuno deve essere aiutato, da chi lo ha introdotto a trovare cinque amici. Così la rete cresce velocemente e tutti guadagnano.

Emma: Quindi non devo vendere niente?

Tu: No, devi soltanto consumare i prodotti, trovare altri consumatori e insegnare loro, aiutandoli, a fare altrettanto.

Emma: E come faccio a convincere cinque persone?

Tu: Io ti aiuterò, non dovrai fare altro che ripetere loro quello che sto spiegando io a te. Come ti ho detto, posso affiancarti nei colloqui con le persone. E posso darti qualche consiglio su come trovare contatti, basandomi sulla mia esperienza e su quello che ho imparato fino ad ora. Poi, se vogliamo, possiamo consultare il mio team di riferimento: le persone che mi hanno introdotto in

questo lavoro e quelli che hanno introdotto loro.
Emma: Ma siamo sicuri che tutto questo sia legale? Ho letto tante cose sulle Catene di Sant'Antonio, mia cugina si è iscritta a un programma promosso su Internet ed è rimasta truffata.

Tu a questo punto spiegherai la differenza tra Network Marketing e Catene di Sant'Antonio.

Emma: Ho capito. Ma cosa dovrei fare concretamente per iniziare?
Tu: È semplice. Dovrai continuare a comprare quello che compri mensilmente per te e per la tua famiglia, ma presso aziende diverse. Stai bene attenta: non devi fare niente di nuovo né spendere di più, devi solo spostare i tuoi consumi da un negozio all'altro. Ricordi come si chiama la professione di cui ti ho parlato?
Emma: Consulente dei Consumi.
Tu: Esatto.

A questo punto prendi carta e penna.

Tu: Vediamo insieme cosa compri ogni mese, e quanto spendi per ciascuna voce.

SEGRETO n. 13: la consulenza nella scelta dei consumi da destinare alle aziende prescelte è parte integrante dell'attività del Consulente dei Consumi.

Mentre Emma ti parla dei suoi consumi, tu prendi appunti.

Emma: Dunque, più o meno spendo 300 euro per gli alimentari. Poi, circa 30 euro per i detersivi per la casa. Per i saponi, i deodoranti e tutto quello che serve per la cura del corpo spendo una ventina di euro.
Tu: E non prendi mai il caffè?
Emma: Io no, ma mio marito sì, ne prende parecchi al giorno.
Tu: Se li fa a casa?
Emma: Solo quello che mette nel latte la mattina, gli altri li prende al bar. Dice che quello fatto con la moka non gli piace. Il fatto è che al bar un caffè costa abbastanza, senza accorgersene una persona spende decine di euro al mese. Non ti dico poi se incontra qualche amico e vuole essere cortese, offrendogli

qualcosa.

Tu: A questo punto, Emma, guarda cosa potresti fare. Potresti comprare almeno 100 euro in prodotti alimentari dall'azienda A, e almeno 30 euro in prodotti per la casa e per la cura della persona dall'azienda B. Per il caffè, tuo marito sarebbe disposto a prenderlo a casa, almeno per un po' di tempo, se ne potesse utilizzare uno superiore a quello del bar?

Emma: Posso dirglielo.

Tu: Ecco, diglielo. Spendendo 40 euro al mese per comprare il caffè dall'azienda C, tuo marito avrebbe un caffè più buono di quello del bar, te lo garantisco, e risparmierebbe, visto che di caffè ne prende tanti. Ogni caffè gli costerebbe 40 centesimi. In più, non rischierebbe di incontrare gente alla quale dover offrire qualcosa. Così potresti aderire al programma che ti fa diventare Consulente dei Consumi© e nel giro di qualche mese avreste una bella sommetta mensile di cui disporre per andare in tutti i bar che volete!

Emma: Quindi, se ho capito bene, io non devo spendere niente in più di quello che faccio già.

Tu: Niente di più, devi continuare con i tuoi consumi come fai normalmente, soltanto devi comprare i prodotti in un posto anziché in un altro.

Emma: Mi dispiace soltanto per il titolare del discount in cui vado di solito, è una persona molto gentile.

Tu: Non è necessario che lo abbandoni del tutto. Mi hai detto che ogni mese fai circa 300 euro di spesa: ti sarà necessario spendere presso l'azienda A soltanto 100 euro. I rimanenti 200 continua pure a spenderli presso il vecchio discount, se ti trovi bene. Il titolare non ci farà nemmeno caso. Scegli quali prodotti comprare in un posto e quali comprare nell'altro: devi soltanto pianificarti bene in base alle tue esigenze. E se vuoi, visto che io l'ho già fatto, posso darti una mano.

Emma: Ma siamo sicuri che si tratta di prodotti di qualità?

Tu: Certamente!

A questo punto, spieghi come le aziende risparmiano sulla pubblicità e, così facendo, riescono a investire nella qualità dei prodotti. Spiega anche che nel Network Marketing si evitano i passaggi tradizionali del commercio, che fanno lievitare i prezzi; e che questo, insieme al risparmio sulle spese di pubblicità, consente di pagare i distributori.

Emma: Cosa devo fare adesso?

Tu: Visto che sei decisa, ti faccio conoscere le tre aziende di cui ti parlavo.

Se hai un portatile e la possibilità di collegarti a internet, mostra i siti delle aziende e la descrizione dei prodotti. Poi concludi:

Tu: Allora, Emma, che ne dici? Facciamo subito un primo ordine insieme, tenendo conto di quello che ti serve di più?

Ti consiglio di "chiudere" subito, non per spingere la persona che hai davanti a comprare a tutti i costi; ma perché, se è convinta, quello è il momento di agire. Se si decide subito, si sentirà spinta ad andare avanti, e potrai aiutarla nella costruzione della sua rete. Ma immaginiamo anche che non sia così semplice.

Emma: Voglio pensarci ancora un po'.

Tu: Lo capisco, è più che giusto. Però ricorda quello che ti ho detto: sto selezionando cinque persone, cinque soltanto e le voglio entusiaste e motivate. Quindi fissiamo subito un nuovo appuntamento e in quella occasione mi dirai cosa hai deciso.

Prendi l'agenda.

Tu: Ci rivediamo dopodomani alle cinque, va bene? Prendiamo un tè insieme e mi dai una risposta. Non posso aspettare molto, perché ci sono altri candidati e potrei trovare le cinque persone che cerco prima che tu ti decida. Mi dispiacerebbe, visto che sei interessata.

A questo punto, è probabile che Emma si decida al più presto. Considera, comunque, che non bisogna scoraggiarsi per eventuali rifiuti: succede a tutti, anche alle persone che hanno più successo in questa attività. La parola chiave è *perseveranza*. Perché quello del Consulente dei Consumi© è un vero e proprio filone d'oro. Non bisogna stancarsi di scavare per arrivarci, altrimenti si rischia di arrendersi quando ci si è arrivati vicino.

Ma anche internet offre possibilità eccezionali per trovare tanti contatti. Bisogna sapere soltanto come muoversi. Una prima opportunità è data dagli annunci online.

Crea degli annunci attraenti, che destino la curiosità di chi legge di saperne di più. Ad esempio: «Vuoi guadagnare grazie ai consumi di tutti i giorni? Diventa Consulente dei Consumi©! Nessun investimento richiesto. Attività basata sul Network Marketing. Scrivi a (qui inserisci il tuo indirizzo email), indicando un recapito telefonico per essere contattato».

Avrai notato che nell'annuncio di esempio ho inserito la frase *Attività basata sul Network Marketing*. L'esperienza mi dice che anticipare un po' il campo di azione serve a escludere a priori molta gente che fa perdere soltanto tempo. Molti possono pensare che venga proposto un lavoro dipendente e che ci sia uno stipendio fisso. Tante persone mi chiamano e poi restano male perché dico loro che si guadagna soltanto in base ai risultati.

SEGRETO n. 14: nei tuoi annunci anticipa che l'attività proposta si basa sul Network Marketing; così eviterai molti contatti che potrebbero farti perdere tempo.

Esistono diversi siti di annunci, alcuni gratuiti, altri a pagamento. Di seguito ti indico alcuni siti di annunci gratuiti molto visitati:

- Youpost.it;
- Annuncigratis.net;
- Subito.it;
- Kijiji.it;
- Bakeka.it;
- Annunci.gratuiti.biz;
- Affari.it;
- Annunci365.it;
- Italiawebannunci.it;
- Annuncigenerali.com;
- Vivastreet.it;
- Annunci.net.

Vi sono anche degli strumenti avanzati di raccolta di contatti su Internet. Uno di questi è la creazione di un blog. Tu saprai benissimo che cosa è un blog: è un sito che potremmo definire "dinamico", perché in esso vengono pubblicati, con una certa frequenza, degli articoli detti *post*. I lettori hanno la possibilità di lasciare i loro commenti ai post; l'autore del blog può a sua volta rispondere e così si crea un dialogo che, molte volte, può essere costruttivo e generare contatti utili anche dal punto di vista lavorativo, a patto, s'intende, di scrivere cose sensate e interessanti.

Nel caso del Consulente dei Consumi©, un Blog potrebbe riguardare l'argomento della spesa, del risparmio, del "battere la crisi", contenendo articoli con consigli pratici per risparmiare, per gestire la spesa familiare, per guadagnare.

Ma come si realizza un blog? Occorrerebbe un altro corso per guidarti in questo; qui posso anticiparti che esistono due importanti piattaforme utili per realizzarlo, tra le quali scegliere. Si tratta di **Blogger** (o Blogspot) e **Wordpress**. Entrambe presentano diversi vantaggi e pochi svantaggi. Blogger è più immediata e intuitiva da adoperare; Wordpress è un tantino più complessa, ma ripaga con una grande versatilità e con centinaia di funzioni.

Per quanto riguarda Blogger, puoi trovare tante risorse gratuite che ti spiegano come creare il tuo blog. Basta che tu vada su Google e scriva *come realizzare blog su blogger*; lo stesso puoi

fare su YouTube, dove troverai ottimi video tutorial.
Una volta creato il blog, ti consiglio di cambiare il template, vale a dire la veste grafica. Blogger offre dei template molto carini, ma su Internet è possibile trovarne altri più personali, pertinenti, professionali. Per trovare bellissimi template, digita su Google la ricerca "Templates blogger". Per la spiegazione su come procedere, ancora una volta puoi trovare quello che ti serve facendo una ricerca del tipo *come cambiare template blogger* su Google o su YouTube.

Allo stesso modo puoi trovare informazioni su come pubblicare i tuoi articoli, inserirvi immagini, video e così via.

Se, invece, opti per un blog Wordpress, ti consiglio un ottimo corso che ti spiega passo passo come fare: si intitola Blog Business sempre edito da Bruno Editore. Io l'ho utilizzato per costruire il mio primo blog e si è rivelato veramente prezioso. Ora un'avvertenza: quando scrivi un post, alla fine parla dell'opportunità e invita i tuoi lettori a contattarti subito per avere maggiori informazioni.

Per trovare molti lettori, pubblica ogni post che scrivi sugli *aggregatori di notizie*: sono dei siti che raccolgono, suddivisi per argomento, gli articoli, consentendone la lettura a migliaia di persone potenzialmente interessate. Ricorda, quando pubblichi un articolo, di inserire il link del post: così i lettori potranno cliccarci sopra e raggiungere il tuo blog, contribuendo ad aumentare le visite.

Ecco alcuni ottimi aggregatori di notizie:

- oknotizie;
- sègnalo;
- diggita;
- fai.informazione;
- upnews;
- ziczac.

Ma quando i lettori arrivano sul tuo Blog, bisogna fare in modo che ci restino. Devi spingerli a compiere un'azione che per te possa essere utile: chiederti informazioni sull'opportunità, oppure lasciarti il loro indirizzo email.

Un lettore del blog ti chiederà più informazioni se si sentirà incuriosito dall'opportunità che offri. Quindi devi congegnare bene i tuoi post: dai informazioni che possano essere veramente utili ai visitatori, e poi introduci l'opportunità con un invito all'azione. Ad esempio: un post che tratta di come pianificare la spesa per risparmiare potrebbe concludersi così: «Vuoi andare oltre e guadagnare un vero e proprio stipendio facendo la spesa? Chiedimi subito come fare! Mandami una email all'indirizzo xxxxxxxx@xxxxx.it».

Un'altra possibilità è quella di far sì che il tuo lettore ti lasci il suo indirizzo email. Così facendo, si iscriverà alla tua mailing list: una lista di contatti alla quale invierai, periodicamente, delle email volte a invogliare gli iscritti ad aderire all'opportunità che proponi. Per creare la tua lista ti occorrono due cose:

- un autoresponder (o autorisponditore);
- un regalo da fare ai tuoi iscritti.

L'autorisponditore è un servizio che consente di installare sul proprio blog o sito un modulo, nel quale il visitatore può lasciare il proprio nome e il proprio indirizzo email. Così facendo, viene iscritto in una lista. Quando ritieni opportuno inviare un messaggio agli iscritti, ti basta scriverne il testo, e l'autorisponditore lo invia in automatico. Una possibilità da sfruttare è quella di programmare anticipatamente i messaggi da inviare e la data in cui farlo: ci penserà l'autorisponditore.

In questo modo puoi inviare agli iscritti una serie di messaggi che, a poco a poco, sconfiggano le loro eventuali diffidenze e li inducano ad aderire all'opportunità che proponi. Attenzione, però. La gente deve avere una buona ragione per lasciarti il suo indirizzo email. Ciò può avvenire perché proponi contenuti interessanti, è chiaro. Ma spesso non basta: occorre che tu dia qualcosa in cambio. Un regalo, un report sull'argomento del tuo blog, ad esempio.

Per avere un autorisponditore e poterlo integrare con il blog dovrai iscriverti a un apposito servizio. Ce ne sono molti in giro: alcuni gratuiti, altri a pagamento. Ti sconsiglio decisamente quelli gratuiti: questi servizi, infatti, quando inviano le email ai tuoi iscritti, allegano anche dei messaggi pubblicitari. Del resto, questo è abbastanza normale. I gestori del servizio si fanno pagare dalle ditte che pubblicizzano; altrimenti, per loro offrirti un servizio gratuito non avrebbe senso e sarebbe antieconomico.

Il fatto, però, è che i contenuti pubblicitari presentano due svantaggi: rendono meno professionale la tua immagine e nel contempo distolgono l'attenzione del destinatario dal tuo messaggio. Per questo ti consiglio un autorisponditore a pagamento. Io ne conosco due molto buoni, e te li indico; tu poi farai quello che vorrai. Puoi anche fare una ricerca su Google, per vedere se trovi qualcosa che fa al caso tuo.

Il primo è l'autorisponditore n. 1 al mondo, per ricchezza di opzioni e professionalità. Si tratta di **Aweber**. Presenta solo un inconveniente: è in inglese, dunque se non conosci questa lingua hai bisogno di una guida. Puoi provarlo pagando solo 1 euro per il primo mese di abbonamento. Il link per iscriversi è il seguente: Clicca qui per registrarti ad Aweber

Se ti iscrivi da questo link, comunicamelo all'indirizzo che trovi alla fine di questo corso. Verificata l'iscrizione, ti invierò gratuitamente dei video che spiegano come settare l'autorisponditore e inserire il modulo di iscrizione nel tuo blog. Inoltre, ti invierò un report che potrai distribuire gratuitamente a chi si iscriverà alla tua lista, insieme alle istruzioni su come farlo scaricare ai tuoi iscritti.

Esiste, poi, un ottimo autorisponditore professionale in italiano. Non è ricco di opzioni come Aweber, ma va benissimo lo stesso. Cliccando qui puoi conoscerlo meglio.

Un altro veicolo per trovare molti contatti è rappresentato dai Social Network. Se non lo hai già, crea un account Facebook, Twitter, Google+ o LinkedIn. Ognuno di questi Social ha delle caratteristiche diverse, e si rivolge a un target differente. Qui non posso essere esauriente su tutte le modalità di utilizzo, ma online si trovano tante risorse gratuite; basta fare una ricerca su Google.

Voglio, però, raccomandarti di fare un buon uso dei social network e di non confondere la sfera privata con quella professionale. Devi dare di te un'immagine di serietà e di professionalità: quindi attento a quello che pubblichi e condividi.

Va bene una foto spiritosa ogni tanto, ma senza eccedere. Questo, in generale, vale per tutti gli strumenti che utilizzi online: quello che fai su Internet si propaga molto velocemente e contribuisce a formare la tua reputazione.

SEGRETO n. 15: utilizza con attenzione e un pizzico di strategia tutti gli strumenti che Internet offre, perché contribuiscono a creare velocemente la tua reputazione.

Ma come comportarsi con le persone che ti contatteranno? Ti consiglio di chiedere loro un numero telefonico e un orario di preferenza al quale chiamarle. Dopodiché il tuo colloquio sarà molto simile a quello immaginario che abbiamo già visto. Siccome, però, non sei in presenza del tuo interlocutore, dovrai invitarlo a prendere carta e penna, per fare insieme i calcoli che simulano la sponsorizzazione di due, tre, quattro o cinque persone. Una buona possibilità è data anche da Skype, che ti consente di vedere la persona con cui stai parlando. Se finora non hai utilizzato questo programma, molto semplice e intuitivo, puoi scaricarlo da qui. È uno strumento che potrà esserti utile, inoltre, quando aiuterai le persone da te sponsorizzate a duplicarsi, come vedremo nel prossimo capitolo.

RIEPILOGO DEL CAPITOLO 3:

- SEGRETO n. 11: Quando incontri persone da sponsorizzare, parla innanzi tutto dei tre semplici passi nei quali consiste questa opportunità: consumare dei prodotti, condividerli, insegnare la duplicazione.
- SEGRETO n. 12: Riproduci con i tuoi interlocutori il calcolo delle possibilità di guadagno con le tabelle A, B, C, D, e alla fine fai vedere come questo possa moltiplicarsi per tre.
- SEGRETO n. 13: La consulenza nella scelta dei consumi da destinare alle aziende prescelte è parte integrante dell’attività del Consulente dei Consumi.
- SEGRETO n. 14: Nei tuoi annunci anticipa che l’attività proposta si basa sul Network Marketing; così eviterai molti contatti che potrebbero farti perdere tempo.
- SEGRETO n. 15: Utilizza con attenzione e un pizzico di strategia tutti gli strumenti che Internet offre, perché contribuiscono a creare velocemente la tua reputazione.

CAPITOLO 4:
Come insegnare la duplicazione

Hai trovato cinque persone serie che hanno aderito al programma. Ora devi aiutarle a trovare cinque persone ciascuna. Questo è un passaggio fondamentale. Infatti, la duplicazione consente di creare una squadra di migliaia di persone. E abbiamo visto nel capitolo 1 il potere dell'effetto leva, che ti consente di ricavare grandi benefici da piccole azioni compiute da tante persone.

A ben guardare, è questa la magia del Network Marketing: svolgendo un'attività semplice, alla quale puoi dedicare poche ore la settimana, riesci a realizzare rendite consistenti, che durano nel tempo. Nel caso del Consulente dei Consumi©, poi, queste rendite si moltiplicano, secondo il numero di aziende alle quali hai deciso di aderire.

È quindi fondamentale che tu aiuti le cinque persone da te sponsorizzate a trovare nuovi contatti e a sponsorizzarli. Così facendo, compirai un passaggio importantissimo. Insegnerai loro un metodo. In definitiva – scusa il bisticcio di parole – insegnerai loro a insegnare. Insegnerai loro ad affiancare le persone che sponsorizzeranno, in modo tale che queste, a loro volta, possano sponsorizzare cinque persone ciascuna; così la tua rete si espanderà velocemente.

Del resto, tu hai già fatto iscrivere cinque persone. Ci sei riuscito, e sai che è assolutamente possibile. Quindi, non devi fare altro che affiancare le persone da te sponsorizzate nelle stesse azioni che hai compiuto tu. Detto per inciso, questa è la ragione per la quale ti ho consigliato di sponsorizzare cinque persone: si tratta, infatti, di un numero ottimale. Con cinque persone, riesci a realizzare una rendita consistente; e, nel contempo, hai la possibilità di dedicare un po' del tuo tempo a istruirle.

SEGRETO n. 16: il numero ideale delle persone da sponsorizzare è cinque. Infatti, ciò consente di realizzare rendite elevate e nel contempo di insegnare bene la duplicazione.

Innanzitutto, invita coloro che hai sponsorizzato a scrivere una lista di possibili contatti di persone che potrebbero essere interessate all'opportunità. Facciamo in modo che la lista sia più ampia possibile. Un suggerimento può essere quello di portare con sé una rubrichetta sulla quale annotare tutti i nomi di possibili candidati che vengono in mente.

Non è detto, infatti, che sedendosi a un tavolo, con un foglio davanti, vengano molte idee. Dopo aver scritto qualche nome, di solito non viene più in mente nessuno. Poi, all'improvviso, mentre si è al supermercato o dal parrucchiere, vengono in mente le persone giuste. Si pensa di poterle ricordare, ma magari sul più bello sfuggono. Quindi è bene annotarle immediatamente.

Se le persone da te sponsorizzate abitano nella tua stessa città, incontratevi. Mettetevi comodi, insieme e considerate tutte le possibilità. Aiutale a tirar fuori le idee. Ci sono vicini di casa da prendere in considerazione? Colleghi di lavoro che potrebbero aver bisogno di un secondo stipendio? Persone con guai economici? Compagni di sport? Parenti? Amici degli amici? Ex compagni di scuola? La moglie, il marito di qualcuno che conoscono? E così via. Fornisci il tuo aiuto nel suggerire tutte le possibili categorie nelle quali trovare potenziali candidati.

Quindi suggerisci di contattare queste persone una ad una, fissando un appuntamento. Se la città dell'incontro è la stessa in cui abiti tu, offriti di essere presente. Così i nuovi contatti comprenderanno che siete una squadra: c'è una vera e propria organizzazione che può dare loro supporto. Se, invece, le città sono diverse, prova ugualmente ad essere presente. I modi sono tanti, secondo i casi.

SEGRETO n. 17: se sei presente ai colloqui del tuo sponsorizzato con i candidati, dai a questi ultimi la sensazione di avere a che fare con una squadra forte, in grado di dargli sostegno se intraprende l'attività.

La prima possibilità è che la persona da te sponsorizzata e quella da sponsorizzare si trovino nella stessa città e tu in una città diversa. In tal caso, puoi intervenire nella loro conversazione in diversi modi. Se c'è un collegamento Internet, è possibile ricorrere a Skype. In caso contrario, puoi telefonare, al fisso o al cellulare, secondo i casi. O puoi farti chiamare, decidi tu. Per limitare i costi, puoi parlare con la persona da sponsorizzare soltanto nel momento in cui ha dei dubbi da chiarire.

La seconda possibilità è che vi troviate tutti e tre in città diverse. In tal caso, c'è una possibilità, ed è decisamente efficace: quella di una bella conferenza a tre su Skype. Quest'ultimo, infatti, ci dà la possibilità di parlare in contemporanea con più persone. Trovi tutta la spiegazione cliccando su questo link. Occorre, quindi, che la persona da te sponsorizzata contatti quella da sponsorizzare utilizzando questo programma.

Tu hai imparato, grazie al capitolo 3, come gestire bene il colloquio e come rispondere a possibili obiezioni. Quindi, spiega al tuo sponsorizzato come comportarsi. Ricorda insieme a lui il vostro primo colloquio e le eventuali osservazioni che lui stesso ha fatto a suo tempo. Esaminate insieme quali furono le sue perplessità, e quali altre domande potrebbero sorgere in chi non conosce questa forma di lavoro.

Se il tuo sponsorizzato si deve incontrare "faccia a faccia" con il candidato, suggerisci che il colloquio si svolga in un locale pubblico, come un caffè. Un luogo in cui ci sia gente, purché non chiassoso. Infatti, c'è la possibilità che qualcuno ascolti e quindi si avvicini e chieda informazioni. Possono derivarne contatti interessanti.

SEGRETO n. 18: se l'incontro con i candidati avviene in un locale pubblico, c'è la possibilità che qualcuno ascolti e sia incuriosito dall'opportunità.

Aiuta i tuoi sponsorizzati a scrivere dei buoni annunci sui giornali locali, come hai fatto tu. Se hai notato che un annuncio formulato in un modo particolare per te ha funzionato procurando molti contatti, suggeriscilo. Anche in questo caso, sarà necessario fissare degli appuntamenti per incontrare le persone interessate al colloquio.

Invita i tuoi sponsorizzati anche ad attivarsi per trovare contatti su Internet. Tu hai imparato come fare: trasmetti loro ciò che sai, e aiutali se hanno dubbi o se non capiscono bene come fare una certa cosa. Assistili nella creazione di un blog, nell'utilizzo dei social media, nella pubblicazione di annunci online. Sii proattivo e creativo.

Se qualche componente del tuo primo livello, i primi tempi, ha difficoltà a sponsorizzare, non permettere che si scoraggi. Spronalo, raccontagli la tua personale esperienza, valuta insieme a lui le azioni che ha compiuto e cercate di capire perché non hanno funzionato. Considerate anche ciò che si è rivelato più efficace per te e vedete come metterlo in pratica anche per lui.

Come vedi, questa parte del lavoro è molto importante. In questa attività, non è sufficiente sponsorizzare cinque nuovi Consulenti del Consumo© e poi abbandonarli al loro destino, sperando che, in qualche modo, riescano a duplicarsi. Infatti, è tuo preciso interesse costruire una rete di consulenti, in modo da poter guadagnare cospicue provvigioni sui loro consumi.

Quindi, una volta sponsorizzate le cinque persone, non dovrai fermarti. Dovrai continuare la tua ricerca di gente da sponsorizzare. Questa mia affermazione potrà apparirti in contraddizione con quello che ho detto finora. Infatti, ti ho suggerito di far iscrivere cinque persone, non una di più, non una di meno e ti ho anche spiegato le ragioni. Ora, invece, ti sto dicendo di continuare il tuo lavoro di ricerca anche dopo.

Il fatto è che tu continuerai a cercare, in aiuto alle persone da te sponsorizzate. Immagina che una componente del primo livello della tua downline, che chiameremo Anna, sia riuscita a trovare tre nuovi consulenti. Passa il tempo e non riesce a sponsorizzarne altri due. Comincia a scoraggiarsi, è tentata di mollare tutto.

Tu che fai? La abbandoni al suo destino? Non ti conviene certamente. È tuo interesse che ogni persona della tua downline riesca a duplicarsi. Visto che ormai hai acquisito una certa dimestichezza con la sponsorizzazione, trovi nuove persone interessate a diventare consulenti. Allora le fai iscrivere nella downline di Anna, come se fosse lei a sponsorizzarle. Così Anna si sentirà motivata e incoraggiata ad andare avanti e tu avrai fatto un passo avanti nella costruzione della rete da cui deriverà la tua rendita.

SEGRETO n. 19: anche quando avrai sponsorizzato cinque

nuovi consulenti, continua nella tua ricerca di persone da sponsorizzare, per aiutare i componenti della tua downline a duplicarsi più velocemente.

Ora che abbiamo chiarito la necessità di assistere i componenti della tua downline nella ricerca di nuove adesioni, passo a descriverti una forma di aiuto più avanzata. Ti servirà per creare un supporto professionale non solo per le cinque persone che hai sponsorizzato tu, ma anche per tutta la tua rete, che agevolerai nell'espandersi più velocemente.

Per far questo, ti servirai del servizio di autorisponditori che hai scelto. Ogni autorisponditore ti dà la possibilità di iscrivere manualmente a una lista le persone che ritieni debbano farne parte. Costituisci una lista apposita per tutti i componenti della tua downline. Poi, man mano che nuove persone diventano consulenti della tua rete, iscrivile alla lista.

Questo concetto può sembrarti astruso, invece è semplicissimo. Ora ti mostro con un esempio che cosa intendo. Immaginiamo che io abbia sponsorizzato, al primo livello, cinque persone: Aldo,

Luca, Franca, Luisa e Carola. Queste cinque persone, a loro volta, ne hanno sponsorizzate due ciascuna (ovviamente si spera che arrivino a sponsorizzarne cinque), per un totale di dieci: Ada, Alberto, Luigi, Nicola, Giovanna, Lando, Edith, Nella, Rosetta e Giorgio.

Ogni azienda per la quale lavoro, in quanto distributore, mi fornisce un accesso a un'area riservata, nella quale, in tempo reale, posso apprendere quali persone vengono man mano a far parte della mia downline. Quindi, nel momento in cui le persone che sopra ho elencato si iscrivono, io, consultando la mia area riservata, posso constatarlo e disporre dei loro dati.

A questo punto vado sul mio servizio di autorisponditori. Continuerò il mio esempio utilizzando Aweber, che è il servizio che utilizzo io; ad ogni modo, il meccanismo è pressoché simile anche per gli altri autorisponditori. Ecco la Home Page di Aweber:

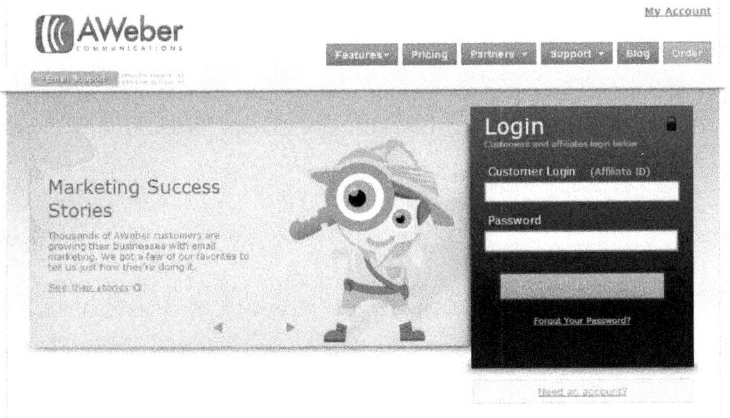

Faccio il login e vengo portato alla Pagina successiva. Qui, clicco su *Create and Manage List*, e vengo condotta a una procedura (che qui non è necessario mostrarti) per creare una nuova lista. Potrei chiamare la lista, ad esempio, *downline*.

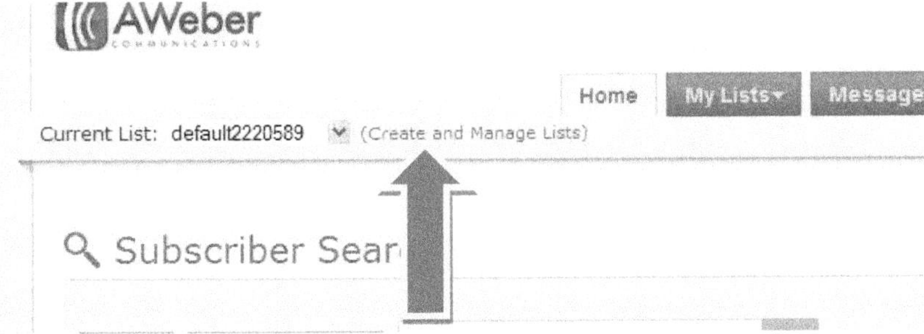

Una volta creata la nuova lista, vi iscrivo le persone che, secondo quanto posso apprendere dalle mie aree riservate, fanno parte della mia downline. Per far questo, clicco su *Subscribers* e poi su *Add.*

Si apre un'apposita finestra, nella quale inserisco i dati (nome e indirizzo email) della persona che voglio iscrivere; poi clicco su *Add a Subscriber*:

Add a Subscriber Add an individual subscriber to your list.

Need to add more than 10 people? Use the Import page instead.

Only Add People Who Asked You To Add Them

Purchased email lists, coregistration subscribers and any other people who haven't come directly to you and signed up to your list can't be emailed with AWeber.

Not sure if you can use this list?

Name:

Email:

Ad Tracking:

control panel

Message Number:

(Default) 1 autore ponse

Attuo questa procedura, uno ad uno, per Aldo, Luca, Franca, Luisa, Ada, Alberto, Luigi, Nicola, Giovanna, Lando, Edith, Nella, Rosetta e Giorgio; e, controllando spesso le mie aree riservate, andrò iscrivendo, man mano, le persone che si aggiungeranno.

Ho anche cura di programmare il primo messaggio che gli iscritti riceveranno, che potrebbe suonare così: «Buongiorno, sono Adele Falcetta, leader della tua upline di Consulente dei Consumi©. Benvenuto! Ti scrivo per dirti che di tanto in tanto riceverai, da parte mia, delle *dritte* su come ottenere il meglio da questo lavoro. Non sei solo, ma fai parte di una squadra forte e solidale. Ti stringo calorosamente la mano e ti auguro buona giornata

Ogni email inviata da un autorisponditore professionale contiene, alla fine, un link per cancellarsi qualora non si vogliano ricevere più messaggi. Poiché non puoi costringere nessuno a ricevere la tua posta se non lo vuoi, ti consiglio di aggiungere sempre questa dicitura: «Ricevi questa email che viene inviata automaticamente come supporto alla mia downline. Se non vuoi più ricevere questo aiuto, clicca sul link che si trova alla fine del messaggio, e sarai cancellato. Utilizzerai l'autorisponditore per inviare alla tua lista messaggi di incoraggiamento, suggerimenti per nuove sponsorizzazioni, istruzioni su come comportarsi in varie circostanze. Ad esempio, potresti suggerire loro di fare quello che ti ho consigliato in questo Capitolo, quando hanno l'opportunità di sponsorizzare qualcuno oltre alle cinque persone iniziali: vale a dire, *regalare* i nuovi iscritti ai componenti della loro downline che incontrano qualche difficoltà. Così sosterrai la tua downline e la spingerai verso una crescita più rapida.

SEGRETO n. 20: utilizza il tuo servizio di autorisponditori

per incoraggiare tutta la tua downline e spingerla verso la crescita.

Ti raccomando, però, di fare questo lavoro di iscrizione fin dalle tue prime sponsorizzazioni e poi man mano che la tua rete cresce. Ti consiglio di controllare le tue aree riservate molto spesso, almeno una volta al giorno e, se noti che c'è un nuovo iscritto, di inserirlo immediatamente nella lista. Infatti, man mano che la downline cresce, il numero degli iscritti diventa enorme e poi sarebbe difficile per te (per non dire impossibile) iscrivere, in un colpo solo, centinaia o migliaia di persone.

Quando la tua downline sarà completa, potrai scegliere: vivere di rendita grazie ai consumi di ciascuno, o cominciare con la creazione di un'altra rete parallela e aumentare le tue entrate. Fai tu.

RIEPILOGO DEL CAPITOLO 4:

- SEGRETO n. 16: Il numero ideale delle persone da sponsorizzare è cinque. Infatti, ciò consente di realizzare rendite elevate e, nel contempo, di insegnare bene la duplicazione.
- SEGRETO n. 17: Se sei presente ai colloqui del tuo sponsorizzato con i candidati, dai a questi ultimi la sensazione di avere a che fare con una squadra forte, in grado di dargli sostegno se intraprende l'attività.
- SEGRETO n. 18: Se l'incontro con i candidati avviene in un locale pubblico, c'è la possibilità che qualcuno ascolti e sia incuriosito dall'opportunità.
- SEGRETO n. 19: Anche quando avrai sponsorizzato cinque nuovi Consulenti, continua nella tua ricerca di persone da sponsorizzare, per aiutare i componenti della tua downline a duplicarsi più velocemente.
- SEGRETO n. 20: Utilizza il tuo servizio di autorisponditori per incoraggiare tutta la tua downline e spingerla verso la crescita.

Conclusione

Più che di una conclusione, si tratta di un inizio. A questo punto, sta a te cominciare subito. Non stare a pensarci, agisci immediatamente! Ricomincia a leggere questo corso, e compi le azioni che via via ti vengono consigliate.

Non trascurare nulla. Sii determinato e costante. Quella che viene spiegata in questo corso è una professione vera e propria, che consente a tutti di guadagnare, qualunque sia il livello di istruzione e la condizione economica di partenza. Non lasciartela sfuggire.

Una volta acquisita dimestichezza con questa attività, ti basterà dedicarle poche ore al giorno per ottenere grandi risultati. I profitti cresceranno e avrai tanto tempo da dedicare a te stesso e ai tuoi cari. E il bello è che, se già svolgi un altro lavoro, potrai continuare a farlo tranquillamente. Ti esorto, dunque, a compiere subito il primo passo per intraprendere la tua nuova attività. E quando senti parlare di crisi, ti prego, non lasciarti influenzare. Guarda al tuo obiettivo senza fartene distogliere. Se il telegiornale trasmette cattive notizie, cambia canale. Se qualcuno ti parla delle sue difficoltà economiche, sposta il discorso sulle opportunità e parlagli di quello che stai facendo tu a vantaggio del tuo benessere economico.

Ti saluto e ti auguro un grande successo. Per ringraziarti di aver acquistato e letto questo corso, ti invierò un piccolo regalo. Scrivimi, semplicemente indicando nell'oggetto: «Ho comprato il tuo ebook», e io te lo invierò.

Adele Falcetta
guadagnafacendolaspesa@gmail.com

www.ingramcontent.com/pod-product-compliance
Ingram Content Group UK Ltd.
Pitfield, Milton Keynes, MK11 3LW, UK
UKHW022013190726
13853UKWH00005B/1902

9 788861 745612